MON NAUFRAGE

ET

MES RÉFLEXIONS PHILOSOPHIQUES

PAR

PIERRE MARTIN

Capitaine au cabotage

VENDU AU PROFIT DES NAUFRAGÉS DU SAINT-SAVINIEN

Prix : 50 centimes.

SAINT-JEAN-D'ANGÉLY

IMPRIMERIE SAUDAU, RUE LÉVÉCOT.

—

1862

MON NAUFRAGE

ET

MES RÉFLEXIONS PHILOSOPHIQUES

PAR

PIERRE MARTIN

Capitaine au cabotage.

MON NAUFRAGE

MES RÉFLEXIONS PHILOSOPHIQUES

Le dernier jour d'août 1859, la petite ville de Saint-Savinien, située sur les bords de la Charente, dérogeait à sa tranquillité habituelle. Depuis le matin on voyait descendre de voiture bon nombre d'étrangers, chose assez rare dans ce petit endroit, où rien ne semble attirer la curiosité. Les habitants, en costume de fête, paraissaient heureux de voir cette foule affluer de tous les côtés, et si parmi elle, ils rencontraient quelques-unes de leurs connaissances, alors c'étaient des cris de joie, des serrements de main qui témoignaient de leur cordialité vis-à-vis des amis qu'ils n'avaient pas vus depuis longtemps. Le temps était superbe, le soleil de ses purs rayons éclairait ce beau jour, et jetait un éclat brillant sur tout ce monde qui déjà s'acheminait bruyamment vers l'extrémité occidentale de la ville.

Qu'y avait-il donc de si extraordinaire à St-Savinien ?

Était-ce une frairie, une foire, où des saltimbanques montés sur des tréteaux, vétus de leurs costumes brodés d'oripeaux et de paillettes, venant exploiter leur industrie aux yeux des curieux qui ne veulent rien perdre de ce qu'ils appellent la fête du pays?

Non, ce n'était point tout cela, ce n'était ni une ménagerie, ni des danseurs de corde, qui auraient pu déterminer tout ce monde à quitter ses occupations quotidiennes, mais bien une cérémonie grave, imposante, grandiose, qui l'attendait vers le point où il se portait.

Un joli petit navire, portant le nom du pays, et construit sous le patronage des habitants, en faveur d'un jeune capitaine de l'endroit, allait enfin être débarrassé de ses gênants supports et glisser librement dans la rivière qui semblait l'attendre avec impatience. Pour qui n'a jamais été témoin d'une mise à l'eau, ce spectacle semblera peut-être puéril, mais pour nous qui cotoyons la rivière, et avoisinons un port de guerre, nous pouvons affirmer que rien ne donne au cœur d'émotions plus vives et plus patriotiques que de voir cette masse imposante s'avancer sur l'eau, libre, majestueuse, et prendre elle-même la position qu'elle doit y occuper.

Dès la veille, des gradins avaient été pavoisés et ornés de guirlandes de fleurs pour y faire asseoir les notables de la ville ; en un mot, rien ne manquait aux préparatifs de cette fête qui offrait tant d'intérêt.

M. le Sous-Préfet de Saint-Jean-d'Angély et sa dame, qui avaient bien voulu répondre à l'invitation des actionnaires du navire, en acceptant d'en être parrain et marraine, n'avaient point oublié de s'y rendre, heureux qu'ils étaient de témoigner aux habitants de Saint-Savinien le cas qu'ils faisaient de leurs sentiments philantropiques.

Il était quatre heures du soir, M. le Curé de la paroisse revêtu de ses habits sacerdotaux, se rendit processionnellement avec les religieuses et leurs jeunes élèves, à l'endroit où était la foule, qui s'écarta promptement pour laisser passage à l'homme de Dieu, qui, par son saint ministère, allait, en bénissant le navire, donner aux spectateurs de cette fête l'espoir de le voir, après une jolie campagne, revenir sain et sauf de tous les dangers auxquels il aurait pu être exposé durant sa traversée.

Aussitôt que M. le Curé eut mis le pied sur le navire on entendit un joyeux orchestre auquel se mêlèrent des chants réligieux qui semblaient monter vers Dieu pour lui demander sa protection divine. Enfin, au milieu d'un silence général, M. le Curé prononça un discours magnifique, après quoi, il donna sa bénédiction.

Alors les ouvriers constructeurs vinrent à coups de hache délivrer le navire de ses accores et de ses amarres, et libre enfin de toute entrave, il glissa de son lit avec une gracieuse majesté, vers l'eau qui l'attendait pour le porter sur son sein. La musique et les nombreux vivats l'accompagnèrent dans sa course, puis tout cessa à la fois. Le *Saint-Savinien* (c'était son nom) flottait sur la rivière, il était arrivé sans entrave sur son élément, la curiosité était satisfaite, l'œuvre achevée.

La foule s'écoula heureuse tandis que les actionnaires du navire, les ouvriers, et M. le Sous-Préfet en tête, se rendirent à la Mairie, où un splendide banquet avait été préparé.

Au dessert plusieurs toasts furent portés à la famille impériale, et M. le Maire, dans un discours plein de sympathie, rappela de nouveau l'attachement que l'on doit au pays et à l'Empereur, et avant de sortir de table, M. le Sous-Préfet prononça aussi quelques chaleureuses paroles, par lesquelles il exhortait les citoyens à l'union et à la concorde, ce qui serait un sûr garant de leur amour pour le Chef de l'État qui s'occupe avec un soin si paternel de rendre son peuple heureux. Alors la salle retentit mille fois encore des cris de *Vive l'Empereur! Vive l'Impératrice! Vive le Prince Impérial!* puis les convives se séparèrent dans le plus grand ordre, emportant dans leurs cœurs un bon souvenir de cette fête philantropique, qui semblait présager à ce joli navire un sort plus heureux que celui qui l'attendait.

Le *Saint-Savinien*, après avoir reçu tous ses agrès, fut chargé d'eaux-de-vie à Tonnay-Charente pour la destination de Glascow (Écosse), faisant escale à Dublin (Irlande).

Nous prîmes la mer le 9 janvier 1860, le vent Sud, la mer grosse et le temps brumeux. Nous fîmes une traversée assez heureuse, et le 17 du même mois nous étions amarrés dans le bassin de la douane de Dublin, sans avaries.

Je n'aurais rien à dire de ce début qui put intéresser, si je voulais parler des choses ordinaires de la navigation mercantile, tout le monde sait à peu près cela.

Ce que tout le monde ne sait pas, c'est la sympathie qu'ont les Irlandais pour la France ; ma position me permettant, m'obligeant même, d'avoir des relations avec beaucoup de personnes, j'ai pu me convaincre, à l'orgueil de mon amour-propre, combien on doit être fier d'être Français; quand surtout on a pour Chef de la Nation un grand génie qui sait si bien diriger les nobles instincts du peuple, pour que cette sympathie devienne l'admiration, le respect et l'espérance des opprimés, la crainte et la défiance des oppresseurs.

Que tous mes compatriotes dont la position sociale est sédentaire, sachent bien qu'il n'est rien de si dissemblable que la manière dont on regarde la France à l'Étranger, depuis que sa destinée est entre les mains de Napoléon III, appelé à juste titre le rédempteur de la nation, et l'opinion qu'on s'en faisait avant.

Depuis l'exil du plus grand capitaine des temps modernes, l'étranger s'était habitué à ne plus nous considérer, et pensait peut-être que ce peuple si bon, si généreux, si enclin aux nobles inspirations, avait entièrement dégénéré en perdant son élu; de là des vexations continuelles, des entraves partout. Qui ne le sait au moins en partie?

Tout est bien changé, et je me rends à l'opinion de tous les étrangers qui se plaisent à dire que nous n'en resterons pas là si Dieu conserve la dynastie des Napoléon, qu'il semble avoir fait remonter sur le trône de France pour en être la gloire, la prospérité et la lumière des nations étrangères.

Le 1er février suivant nous laissâmes Dublin pour nous rendre à Glascow, où le lendemain soir nous amarrions le navire dans le port.

Pendant mon séjour à Glascow, qui a duré jusqu'au 18 courant, j'ai reçu le même accueil qu'à Dublin, et j'ai pu juger du même esprit d'admiration et de respect qui anime ces peuples pour la France. Les hommes en place, seulement, ne dissimulent pas leurs craintes en ce que la France acquerra une prépondérance unique sur le monde entier.

De Glascow j'opérai mon retour sur Nantes, et, après trois autres voyages sur les côtes de France, j'entrepris de porter une riche cargaison en mer d'Azoff.

Après une traversée des plus pénibles, accompagnée

tout au long d'une série de coups de vents, nous arrivâmes en relâche à Odessa; la mer d'Azoff était gelée.

La cargaison fut déchargée là par ordre du pro-
priétaire.

Nous étions à la mi-décembre et tout faisait présager un hiver long et rigoureux, les froids déjà ex-
cessifs ne nous laissèrent pas le temps de charger et
de repartir avant les glaces, qui bientôt emprison-
nèrent tous les navires dans le port; c'en était fait, il
fallut attendre.

D'ailleurs trois hommes de mon équipage avaient
les pieds gelés, et je n'aurais pu partir de suite quand
même.

Cet état de choses dura jusqu'aux premiers jours de
mars 1861. Après un coup de vent d'aval qui débarassa
le port des glaçons qui y restaient, le 14, à six heures
du soir, le temps était assez beau, je pris la résolution
de faire voile.

Je ne suis point superstitieux, mais, je l'avoue, j'étais
très-triste en laissant la rade d'Odessa, tandis que j'aurais dû être content de sortir d'un endroit où j'avais
beaucoup souffert du froid, et dépensé par la longueur
du temps, tous les bénéfices du voyage.

Avais-je donc le pressentiment du malheur qui nous
attendait à trois jours de là ?....

Je dirigeai ma route sous toutes voiles, à venir chercher l'île aux Serpents, avec jolie brise du Nord. Vers
trois heures du matin, le ciel se couvrit à la neige,
vilaine apparence, je fis réduire la voilure sous les
voiles majeures, deux ris dedans. A quatre heures, le
vent était tellement violent et la mer si grosse, que
nous fûmes forcés d'amener la grand'voile et la misaine
goëlette, pour fuir sous le hunier et la trinquette, la
mer balayait le pont.

Le lendemain 15 et vers quatre heures du soir, le
vent mollit et la mer un peu; le ciel se découvrit; je
fis établir la grand'voile avec ses ris, hisser le petit foc
et la misaine goëlette, et nous fîmes route à venir
chercher le cap Cagliari. Vers six heures, le vent repi-
qua, nous prîmes le quatrième ris de la grand'voile, et

halâmes bas le petit foc ; la mer devint épouvantable. Je fis sonder à la pompe, il y avait 33 centimètres d'eau ; immédiatement l'on pompa aux deux pompes qui se trouvèrent engagées par les pois qui composaient la cargaison.

Je les fis dégréer, et j'imaginai de garnir le dessous des chopines avec l'étamine d'un pavillon de fantaisie ; ce procédé réussit assez bien, les pois ne pouvaient passer, l'eau seule se filtrait, mais en petite quantité, ce qui nécessitait constamment un homme à la pompe.

Le samedi 16, la tempête augmenta, je fis amener la grand'voile, il était six heures du soir, le navire fatigua beaucoup, la mer le couvrit impitoyablement de l'arrière à l'avant, balayant tout sur son passage.

Il fut impossible de tenir une autre allure que celle du vent-arrière ; le temps très-mauvais, givre, neige, grêle ; dans la crainte d'arriver au Bosphore avant que l'horizon fut un peu éclairci, je fis serrer le hunier et hâler bas la trinquette, fuyant sur la misaine à tous ris.

Cette précaution, qui d'abord n'avait pour but que de retarder la marche du navire, fut bientôt d'une indispensable nécessité ; car le temps se mit à grains de force telle, que le navire menaçait de sombrer à chaque instant, emporté avec une vitesse désespérante.

Le dimanche 17 courant, le temps toujours le même, nous veillions attentivement pour la terre ; à onze heures du matin, le point nous faisait rendus ; mais nos angoisses redoublèrent à la pensée que d'un moment à l'autre, le navire pouvait s'ouvrir sur un rocher et nous engloutir tous, sans que nous ayons aperçu la terre, sans que nous ayons pu lutter pour éviter le danger.

La bourrasque semblait se jouer de nous, car, au moment où un gros nuage, ou tourbillon de neige, venait se fondre sous l'horizon de la mer et nous faisait espérer un instant d'éclaircie, un autre tourbillon le remplaçait.

J'étais dans la mâture fatiguant mes yeux à interroger l'horizon, lorsque tout-à-coup j'aperçus la terre, mais tellement embrouillée que je ne pus distinguer d'abord si nous faisions bonne route.

Malheureusement nous en étions si près qu'une méprise nous devenait funeste, les courants avaient pu nous dérouter, et pourtant il n'y avait pas possibilité de rallier le vent. Cette manœuvre fut néanmoins tentée dans le but de retarder la route, et d'avoir le temps de reconnaître la terre. La cargaison tomba sur le côté, ce qui fit prendre au navire une bande effrayante, le pont ne vidait plus, force fut de laisser arriver de nouveau. Pendant ce temps, j'avais reconnu la terre; c'était le cap Karabournou sur lequel nous tombions rapidement. Voyant notre perte inévitable, j'aperçus en examinant la côte, une petite baie à l'ouest du cap où la mer paraissait rouler sur le sable. Je dirigeai la route vers cet endroit, et aussitôt, je fis établir tous les focs bien bordés au milieu, au moyen des deux écoutes, afin de maintenir le navire dans une direction perpendiculaire à la côte; le hunier fut aussi largué pour augmenter la vitesse du navire afin qu'il arrivât plus près de terre.

A peine ces dispositions furent-elles prises, que voyant le navire qui allait toucher, moment terrible et plein de déchirantes angoisses dont je me rappellerai toute ma vie, je commandai à tout le monde de monter dans les haubans; le navire toucha et fut englouti par le premier coup de mer; nous venions d'échouer sur une barre de sable qui ferme l'anse, et sur laquelle j'ai trouvé depuis en y sondant de belle mer, un mètre d'eau.

Le deuxième coup de mer fit franchir cette barre au navire qui fut précipité vers la plage avec une telle violence, que trois cadènes des haubans se rompirent à la fois.

La mer balayait le pont presque sans interruption, et le *Saint-Savinien* qui avait abordé la côte perpendiculairement, venait peu à peu en travers en se couchant sur son flanc de bâbord.

Voyant que la mâture ne nous offrait plus de salut et pouvait tomber d'un moment à l'autre, je fis descendre mes hommes et mes passagers, en les exhortant à ne pas hâter leur mort en manquant de courage;

je leur dis qu'en suivant bien mes ordres, j'avais espoir de les sauver.

Nous profitâmes d'une embellie pour descendre sur le pont, et nous vînmes nous réfugier dans la chambre qui n'était qu'à moitié pleine d'eau ; je n'y restai que le temps de donner encore quelques paroles d'encouragement à tout le monde.

La neige qui avait cessé de tomber un moment, recommença de plus belle, la nuit approchait ; mouillés comme nous l'étions, nous mourions de froid faute de mouvement ; l'eau augmentait toujours, chaque coup de mer qui déferlait sur le navire apportait son tribut dans la chambre.

Je pris donc le parti de m'exposer seul aux lames en montant sur le pont, voir ce que j'allais faire pour sauver tout le monde s'il était possible.

J'eus bien de la peine à me maintenir contre la violence des lames qui me couvraient de minute en minute, me laissant à peine le temps de prendre haleine ; et je fus assez heureux pour dégager la chaloupe qui était chavirée de dessus ses tins, pleine d'eau et encombrée, entortillée de filins et de voiles.

Après bien des difficultés et du temps, je vins prévenir mes hommes que nous avions une chance de salut en mettant notre chaloupe sur les palans, car bien qu'elle fut crevée sur le côté du panneau, en nous embarquant et coupant vivement les garans des palans, avant qu'elle aille au fond, je répondais de la maintenir, l'arrière à la lame, et d'aborder la terre assez près, pour qu'en nous jetant à l'eau, nous puissions l'atteindre sans danger.

Les malheureux étaient tellement rompus au moral, et transis de froid, que j'eus toutes les peines du monde à les déterminer à sortir de la chambre où, bientôt pourtant, ils allaient être engloutis par l'eau qui montait rapidement et par la cargaison de pois qui, en gonflant, brisaient la cloison de la chambre. Il était temps et grand temps ; heureusement que les passagers et un novice plus courageux venaient de se mettre résolument à mes ordres, ce qui décida les autres à venir enfin profiter de la seule chance de salut qu'il était en mon pouvoir de leur donner.

Lorsque nous fûmes dans la chaloupe, les palans furent abandonnnés, et, m'emparant d'un aviron, je fus assez heureux pour empêcher qu'elle ne chavirât en lui maintenant l'arrière à la lame. Je veillai avec anxiété le moment où elle allait toucher, pour commander de sauter hors et éviter tout accident. Cette manœuvre s'opéra d'une manière assez heureuse ; mais dans ma sollicitude à sauver tout mon monde, je ne fus pas assez prompt à le suivre et le ressac m'entraînait dans ses replis, quand un soldat turc, qui était venu avec trois autres, pour nous porter secours, s'élança dans l'eau jusqu'à la ceinture et me sauva.

Arrêtons-nous un moment à examiner la position de ce joli navire qui, tout-à-l'heure encore semblait défier la tempête. Le voilà penché sur le côté comme une fleur que l'aquilon a flétrie. Ses mâts brisés, ses voiles déchirées en lambeaux accusent la violence du vent, la mer en fureur qui déchire ses flancs criant sous ses coups, toute cette désolation prouve la fragilité des choses humaines.

Et nous, malheureux naufragés qui venons d'échapper à la mort par la divine protection de Dieu, nous tournons nos yeux vers ces malheureux débris comme les habitants d'une ville incendiée qui ont tout perdu dans les flammes, sauf la vie ! Qui pourrait décrire nos souffrances et nos angoisses ? Elles se ressentent mais il n'y a pas d'expressions pour les définir !!!

Nous jetâmes un triste regard d'adieu au *Saint-Savinien* que nous ne devions bientôt plus revoir, et nous nous mîmes en route à la merci des turcs qui étaient venus à notre secours.

Le trajet fut long et pénible; il nous fallait tantôt gravir des côteaux escarpés que la neige avait rendus glissants, et tantôt redescendre dans des ravins où un faux pas pouvait nous précipiter, et nous faire trouver la mort.

Les turcs nous conduisirent au village de Karabournou où nous arrivâmes à la nuit, après deux haltes;

nos forces étaient à bout. Ces braves gens avaient eu la prévoyance d'allumer des feux sur la route que nous parcourions, afin que nous puissions dégourdir nos membres endoloris par la fatigue et le froid.

On nous mena chez le bacal, où nous trouvâmes la plus cordiale hospitalité. Le vin qu'on nous servit, nous rendit un peu de forces; nous ne tardâmes pas à nous étendre sur la terre où la fatigue et le sommeil nous eurent bientôt plongés dans l'oubli de notre triste position.

J'aurais voulu dès le lendemain me rendre à Constantinople pour donner à M. le Consul de France le rapport de mon naufrage et de notre position à Karabournou; mais pendant deux jours j'ai dû rester couché tant j'étais rompu de douleurs, mes reins surtout me refusaient le service; ce ne fut que le quatrième jour que je me mis en route, après avoir, avec mon équipage, sauvé tout ce que je pus du pauvre *Saint-Savinien.*

Le Caïmacan me loua un cheval, et je pris un guide pour me conduire. Après douze heures de marche par des routes affreuses, souvent obligé de descendre de cheval pour passer des sentiers bordés de précipices, souvent aussi forcé de prendre des courses à toutes jambes et toute haleine pour échapper à la poursuite des brigands qui infestent les campagnes; j'arrivai enfin sain et sauf à Constantinople où je pus le lendemain aller au consulat de France.

M. le Consul me donna les moyens de retourner au cap, mais en passant sur la côte, pour y chercher mon équipage. Il me fit accompagner d'un cavas turc et d'un interprète pour nous protéger dans notre voyage.

Je n'ai eu qu'à me louer des bons offices de ce cavas qui a su nous faire respecter partout où nous avons passé, et nous a fait donner, en payant, tout ce dont nous avions besoin.

Pendant la nuit qui précéda mon naufrage, je faisais les réflexions suivantes :

Qu'est-ce donc que la vie pour qu'on y tienne tant?

La vie est une série d'événements physiques et moraux qui laissent constamment dans la pensée des hommes, un désir non assouvi, une œuvre non achevée; voilà ce qui fait qu'on y tient.

Qu'est-ce donc que la mort? Pourquoi tant la craindre?

On pourrait à cette question, répondre tout simplement, que la mort étant l'opposé de la vie, on redoute celle-là, parce qu'on tient à celle-ci. Mais il y a aussi d'autres pensées qui font craindre cette terrible mort!

En tranchant cette série d'événements qui occupent l'existence des hommes, elle nous fait entrevoir tout d'abord le néant, en frappant d'inertie toutes nos facultés physiques, et dans ce moment même une pensée secrète qui part de je ne sais quelle autre faculté, nous fait trembler à l'idée de ne plus rien être, et le fait paraît impossible!

L'idée d'une autre vie nous apparait aussitôt, comme un phare qui vient éclairer la route d'un navire battu par la tempête, et sur le point de périr.

Alors nous cramponnant à cette idée, nous nous disons: puisqu'il paraît certain qu'il y a une vie au-delà de la tombe, comment notre esprit, en laissant notre corps à la terre, sera t-il reçu par celui qui règne et gouverne dans ce monde nouveau pour lui, dont il n'a point voulu s'occuper ici-bas, et où il apporte avec lui tous ses vices d'autrefois. Ne faudra-t-il pas s'arrêter à la barre pour y être jugé, et ce jugement ne sera-t-il pas suivi d'une condamnation terrible, dont nul esprit ici bas ne peut apprécier l'effet! Autre motif pour craindre la mort.

Pendant le naufrage, je réfléchissais au constraste qu'il y avait entre mes pensées avant l'événement et celles que j'avais pendant qu'il s'accomplissait.

D'abord j'ai eu peur de la mort lorsque je ne faisais que l'entrevoir; et dès qu'elle m'est apparue menaçante, terrible, sous toutes les formes, je l'ai bravée, je l'ai vue en face sans frémir, bien au contraire, la terreur de mon équipage, ses pleurs et ses plaintes m'irritaient.

En entendant les craquements du navire que la mer broyait contre la côte, mêlés au bruit du vent, au fracas de la tempête, je ne sais quelle autre faculté m'élevait au-dessus de tout ce tumulte et mé donnait en ce moment suprême la pensée que l'homme n'est pas tout matière, qu'il y a en lui quelque chose de plus fort qui lui fait reconnaître ses devoirs et accomplir bravement sa mission. Aussi je me suis dit : c'est-moi qui suis ici le chef, je dois ma vie au salut de ceux que je commande, et cette pensée ne m'a pas abandonné jusqu'au dernier moment.

Après mon naufrage, grelottant, humide, couché sur la terre où j'étais cloué par les douleurs et la fièvre, je pensais à quoi tient la position d'un homme, je dirai même la réputation d'un homme, puisque l'une est inhérente à l'autre. Et cette réflexion m'était personnelle; je me disais : depuis douze ans j'ai travaillé sans relâche pour me faire une position et élever ma famille, j'ai passé par tous les sentiers de la pauvreté, j'ai subi toutes les injures de la misère que j'ai coudoyée, et celles des hommes à l'esprit superficiel, qui ne jugent qu'aux apparences sans se donner la peine de rentrer dans les causes de votre martyre.

J'étais enfin parvenu, grâce à ma persévérance, à me faire une position de laquelle je pouvais espérer d'heureux résultats. J'avais un bon navire sous les pieds et plus d'argent qu'il ne m'en fallait pour payer mes fournisseurs et parer, pour plusieurs années, même à un repos forcé. Hier, j'avais tout cela et j'étais chez moi, dans ma patrie, car j'étais sur mon navire, et mon navire portait avec lui ma patrie à l'ombre du pavillon français !

Aujourd'hui, je n'ai plus rien, rien... pas même d'effet pour me couvrir ; la mer m'a tout ravi ! tout est perdu ! je suis sur une terre étrangère, éloigné de la protection du représentant de la France, ma famille ignore notre commun malheur, quelle position est la mienne!

Il y avait certes de quoi troubler ma raison en m'appesantissant sur ces pensées qui toutes venaient danser, miroiter dans mon esprit comme des paillettes étincelantes qui éblouissent les yeux qui les fixent.

Mais j'avais autre chose à faire que me commandaient le devoir et l'honneur. C'était mon équiquage à rapatrier, c'étaient les épaves de mon navire à sauver. Je tâchai d'effectuer cela dans le plus bref délai. Enfin, après avoir sauvé des débris du *Saint-Savinien* tout ce que nous pûmes, et en avoir confié la garde, après inventaire fait, au chef militaire du fort de Karabournou, voisin du lieu du sinistre, je me rendis à Constantinople, (comme déjà l'a vu le lecteur) d'où je repartis le deuxième jour de mon arrivée pour aller chercher mes matelots.

A mon arrivée au cap, je remis, par ordre de M. le Consul de France, tous les débris sauvés du naufrage aux membres de la Commission d'expertise qui étaient venus à Karabournou officiellement, et me rendis avec mon équipage à Constantinople, d'où nous fûmes, après avoir passé conseil, rapatriés par les soins de l'Etat.

Pendant tous le temps qui s'est écoulé en courses obligatoires, je n'ai pas été trop malheureux au moral, les occupations absorbant toutes mes facultés.

Mais dès que j'eus le pied dans le bateau à vapeur qui me conduisait en France, abandonné à moi-même, mon cœur au lieu de bondir de joie, se serra violemment, et je courus m'enfermer dans ma cabine pour donner un libre cours à mes larmes.

Pourtant, j'allais bientôt revoir ma femme et mes enfants, ma famille et mes amis, c'est vrai; mais cette joie, ce plaisir n'allait-il pas être cruellement contrebalancé par la perte que je venais de faire, qui causait mon retour forcé au milieu d'eux, et dont j'allais avoir à m'entretenir avec tous.

Il y avait bien pourtant, il faut le dire, un soulagement au poids qui m'oppressait le cœur. Et qui y serait insensible !

Ce soulagement était tout entier dans l'élan de joie que j'espérais trouver dans tous les cœurs de mes concitoyens en me voyant échappé à la mort; et surtout dans cette sympathie qu'inspire le malheur à toute âme honnête.

Mon espoir était-il fondé pour tous?

C'eut été trop espérer du cœur humain dont l'égoïsme n'est encore pas arraché; mais, Dieu merci, j'ai rencontré plus de cœurs généreux qu'il ne m'en fallait pour me dédommager de la froideur des autres.

———

Peu de temps après mon arrivée chez moi, je recevais en communication la dépêche ministérielle suivante, adressée à M. le Commissaire de l'inscription maritime de mon quartier :

« Paris, le 31 Mai 1861.

« Monsieur le chef de service de la Marine, à Marseille, m'a
« transmis le 30 avril dernier, l'enquête relative à la perte de la
« goëlette le *Saint-Savinien*, que commandait le maître au cabo-
« tage Martin (Pierre), inscrit à Saintes, n° 79.

« La Commission des naufrages, après avoir examiné cette
« enquête, a reconnu que les circonstances du sinistre mettent
« à couvert la responsabilité de ce navigateur, qui, pendant et
« après l'événement, a rempli tous ses devoirs. J'ai décidé par
« suite, que le sieur Martin conservera la faculté de commander,
« et je vous invite à lui faire connaître cette décision qui devra
« être apostillée, à son article, sur la matricule des maîtres au
« cabotage de Saintes.

« Recevez, Monsieur, l'assurance de ma considération dis-
« tinguée.

« Le Ministre, secrétaire d'État de la Marine et des Colonies.

« Pour le Ministre et par son ordre :

« Le Conseiller d'État, directeur du personnel,

« *Signé :* LAYRLE. »

Monsieur le Commissaire de l'inscription maritime à Saintes.

———